Hallo! Ich bin Anoki.
Für jede Seite, die du fertig hast,
malst du eine Pfote aus.

2 3 4 5

6 7 8

9 10 11 12

13 14 15 16 17 18 19 20

21 22 23 24 25 26 27 28 29

30 31 32 33 34 35 36 37 38

39 40 41 42 43 44 45 46 47 48

Haustiere leben bei den Menschen. Wer ein Haustier besitzt, muss sich um die Pflege, das Futter und die richtige Haltung kümmern.

- Welche Tiere sind keine Haustiere? Streiche durch.

■ Wo wohnen die Tiere? Verbinde.

■ Es gibt viele verschiedene Hunderassen. Zu welcher Rasse gehören diese Hunde?
Ordne die Namen zu: **Dackel, Pudel, Schäferhund, Dalmatiner**.

- Wie heißen die Körperteile des Hundes?
  Ordne zu: **Schnauze, Ohr, Rücken, Schwanz, Hinterbein, Vorderbein, Pfote.**

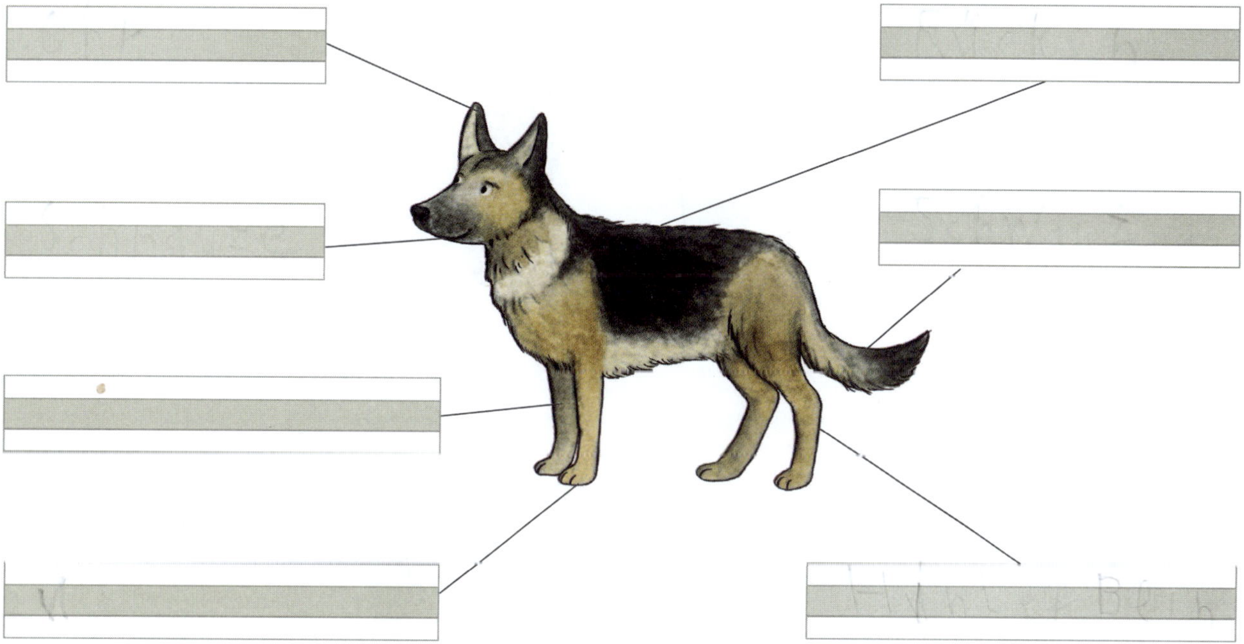

Der Besitzer ist für seinen Hund verantwortlich. Er muss sich um ihn kümmern.

- Schreibe zu den Bildern.

Mit seiner Körperhaltung zeigt der Hund an, wie es ihm geht.

- Trage die Ziffern ein.

1	Hund freut sich
2	Hund ist ängstlich
3	Hund droht

Hunde haben besondere Eigenschaften. Sie können dem Menschen helfen.

- Verbinde passend Text, Bild und Wortkarte.

Hunde können sehr gut hören.	Hunde können sehr gut in der Dämmerung sehen.	Hunde können sehr gut riechen.

Wachhund	Jagdhund	Polizeihund

■ Was braucht ein Hund? Kreise ein.

Hunde brauchen auch
Bewegung und Zuneigung.

Seit mehreren tausend Jahren sind Katzen Haustiere.
Sie sind mit den Großkatzen verwandt.

■ Ordne die Namen zu: **Löwe, Tiger, Jaguar und Leopard.**

Hauskatze

Katze

Wie heißen die Körperteile der Katze? Verbinde.

Ohren

Rücken

Augen

Schnurrhaare

Vorderbeine

Schwanz

Hinterbeine

Pfoten

Bauch

Zweimal im Jahr können Katzen vier bis sechs Junge bekommen. Anfangs sind sie blind. Sie werden von der Mutter gesäugt. Deshalb sind Katzen Säugetiere.

- Die kleinen Katzen lernen viel von ihrer Mutter. Schreibe zu den Bildern.

Die Katze gibt mit ihrer Körperhaltung an, wie es ihr geht.

- Verbinde passend Text und Bild miteinander.

Streichle mich.	Ich habe Angst.	Ich fühle mich bedroht.

■ Was kann eine Katze besonders gut? Kreise ein.

klettern	schleichen	fauchen
miauen	knurren	hören
sehen	schnurren	schnattern
schwimmen	springen	zwitschern

■ Suche dir eine Eigenschaft aus. Wann braucht die Katze sie? Schreibe.

Was braucht die Katze? Ordne zu: **Kratzbaum, Katzenfutter, Körbchen, Napf, Spielzeug, Katzenklo**.

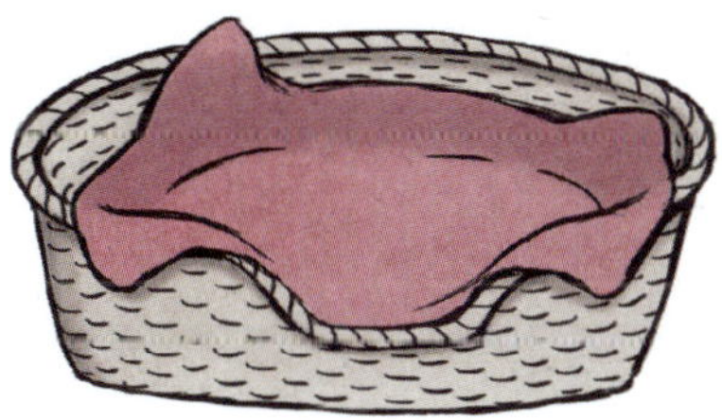

- Finde im Suchsel neun Wörter: vier, die zum Hund und vier, die zur Katze passen. Ein Wort passt für beide. Male es zu Hund und Katze.

N	A	E	I	R	W	O	T	T	A	I	S	P	O
K	R	A	T	Z	B	A	U	M	S	D	F	G	H
W	E	B	T	U	P	L	K	N	O	C	H	E	N
D	K	E	U	S	C	H	N	U	R	R	E	N	X
U	O	L	E	I	N	E	U	A	D	Z	O	M	N
C	B	L	T	Z	U	F	R	R	C	K	Z	A	K
L	I	E	S	E	C	H	R	O	G	L	R	U	L
A	S	N	O	N	M	Y	E	N	U	G	E	S	P
F	A	U	C	H	E	N	N	A	P	F	I	V	J
U	Z	T	D	E	O	L	N	I	M	H	R	E	R

Das Hauskaninchen stammt vom Wildkaninchen ab. Kaninchen werden im Stall oder Käfig gehalten. Eine besondere Züchtung sind die Zwergkaninchen. Kaninchen werden häufig mit Hasen verwechselt.
Die Ohren eines Hasen sind aber länger als beim Kaninchen.

- **Hase** oder **Kaninchen**? Ordne den Fotos den richtigen Namen zu.

■ Wie heißen die Körperteile des Kaninchens? Verbinde.

Löffel

Rücken

Augen

Vorderläufe

Pfoten

Blume

Bauch

Hinterläufe

■ Was gehört nicht zur Nahrung eines Kaninchens? Streiche durch.

Die Nagezähne des Kaninchens wachsen ständig nach. Deshalb benötigt es immer etwas Hartes zum Nagen.

- Was braucht ein Kaninchen?
  Ordne zu: **Stall, Trinkflasche, Heuraufe, Futternapf, Stroh, Außengehege.**

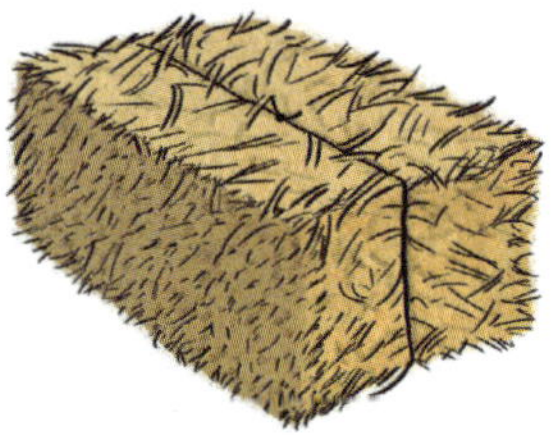

- Auch das Kaninchen hat eine Sprache.
  Verbinde passend Text und Bild miteinander.

Ich bin übermütig und freue mich.	Ich bin entspannt und fühle mich sicher.	Ich fühle mich bedroht und habe Angst.

- Schreibe einen Steckbrief über das Kaninchen.
- Welche Körperteile fehlen in der Zeichnung? Ergänze sie.
- Welche Farbe hat das Fell? Male aus.

Steckbrief

Tier:

Aussehen:

Nahrung:

Interessantes:

- Wie kommt das Kaninchen zur Möhre?

■ Was braucht ein Wellensittich? Kreise ein.

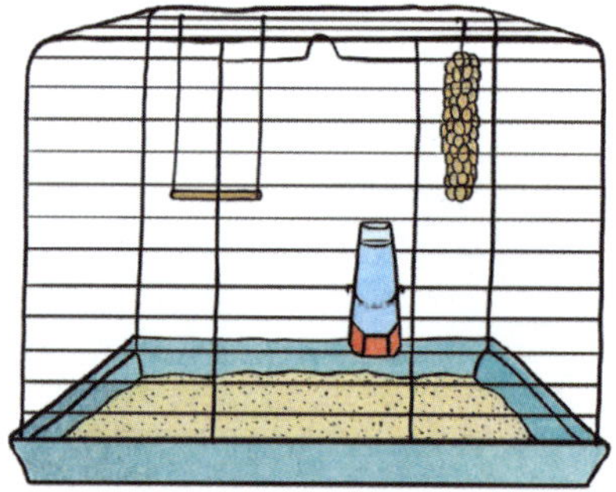

Wie heißen die Körperteile des Wellensittichs? Zeichne fehlende Körperteile ein. Beschrifte: **Auge, Schwanz, Flügel, Fuß**. Verbinde.

Wellensittiche sind eine Papageienart aus Australien.

Welche Farbe hat das Gefieder? Male aus.

- Was frisst ein Wellensittich?
  Ordne zu: **Vogelfutter, Hirsekolben, Petersilie, Wasser, Möhre, Apfel**.

■ Was kann ein Wellensittich? Verbinde mit dem passenden Bild.

schlafen

fressen

knabbern

fliegen

schnäbeln

putzen

Meerschweinchen stammen aus Südamerika. Ihren Namen haben sie vermutlich, weil spanische Seefahrer die Tiere mit Schiffen nach Europa gebracht haben und sie wie Hausschweine quieken.

- Man unterscheidet **Kurzhaar-Rassen** und **Langhaar-Rassen**. Ordne zu.

Das Angora-Meerschweinchen gehört zur

Das Glatthaar-Meerschweinchen gehört zur

- Was gehört nicht zur Nahrung eines Meerschweinchens? Streiche durch.

■ Wie heißen die Körperteile des Meerschweinchens? Verbinde.
Zwei Körperteile fehlen im Bild. Ergänze.

Augen

Maul

Vorderbeine

Pfote

Ohren

Rücken

Fell

Bauch

Hinterbeine

■ Male das Fell aus.

- Schreibe einen Steckbrief zum Meerschweinchen.

Steckbrief

Tier: ______

Aussehen: ______

______

Nahrung: ______

Interessantes: ______

______

Test 1, S. 47

- Zähle die Möhren.
- Finde alle Katzen. Wie viele sind es?
- Womit kann man Tierfell pflegen?
- Welche Farbe hat die Blume?
- Womit können Nagetiere ihre Zähne schleifen?
- Gibt es mehr Bälle oder mehr Fische?
- Es sind fünf Salatköpfe da. Findest du alle?
- Wie viele Mäuse siehst du?
- Entdeckst du, was man als Hundebesitzer benötigt? Davon sind vier da.
- Erfinde eigene Fragen.

Hamster sind Nagetiere. Der Feldhamster lebt in der freien Natur. Als Haustiere gibt es zum Beispiel den Goldhamster und den Zwerghamster.

■ Ordne den Bildern die Namen zu: **Feldhamster, Goldhamster, Zwerghamster**.

- Wie heißen die Körperteile des Goldhamsters? Verbinde.
Zwei Körperteile fehlen im Bild. Ergänze.

Schneidezähne		Ohren
Hamsterbacken		Augen
Tasthaare		Nase
Vorderpfote		Hinterpfoten

- Welche Farbe hat das Fell? Male aus.

■ Was braucht ein Goldhamster? Kreise ein.

■ Was darf der Goldhamster nicht fressen? Streiche durch.

Mäuse können auch als Haustiere gehalten werden.

■ Wie heißen die Körperteile? Trage die Ziffern ein.

1	Schnauze	2	Ohr	3	Schwanz
4	Pfote	5	Bein	6	Auge

■ Was braucht eine Maus nicht? Streiche durch.

Schildkröten sind Reptilien. Es gibt über dreihundert verschiedene Arten. Die Landschildkröte wird gern als Haustier gehalten.

- Wie heißen die Körperteile der Schildkröte? Trage die Ziffern ein.

1	dicker Rückenpanzer
2	Kopf
3	Bauchpanzer
4	Füße mit Hornschicht und Krallen

Landschildkröten ernähren sich hauptsächlich von Wildkräutern. Im Frühjahr und Sommer sind diese ausreichend vorhanden. Im Herbst füttert man Feldsalat, Kohlrabiblätter und Heu. Wasser trinken sie in jeder der drei Jahreszeiten.

■ Verbinde die Bilder mit den Futterkörben.

 Wegerich

 Salat

 Gras

 Heu

 Löwenzahn

 Gänseblümchen

 Kohlrabiblätter

Damit sich die Landschildkröte wohl fühlt, braucht sie ein richtig eingerichtetes Terrarium.

- Male in das Terrarium, was die Schilkröte braucht: ein Versteck für die Nacht, ein Badebecken, Sandflächen und flache Steine, Äste zum Klettern.

- Wo haben sich die sechs Schildkröten versteckt?

In einem Aquarium leben verschiedene Arten zusammen.

- Ordne die Namen zu: **Guppy, Blackmolly, Schwertträger, Neonfisch.**

Die Männchen besitzen an der Schwanzflosse eine Verlängerung – ein Schwert.

Diese Fischart leuchtet im Aquarium.

Diesen Fisch gibt es in verschiedenen Farben.
In schwarz ist er sehr beliebt.

Dies ist ein farbenprächtiger Fisch, der für Anfänger gut geeignet ist.

Fisch

■ Wie heißen die Körperteile eines Fisches? Verbinde.

Auge

Maul

Kiemen

Rückenflosse

Schwanzflosse

Bauchflosse

■ Was gehört nicht in ein Aquarium? Streiche durch.

Ein Aquarium muss auch regelmäßig gereinigt werden.

Test 2, S. 48

1 Welche Tiere sind Haustiere? Kreise ein.

5

2 Nenne noch zwei weitere Haustiere.

2

7

1 Was braucht der Hund nicht? Streiche durch.

6

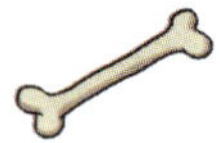

2 Sind diese Aussagen richtig oder falsch? Kreuze an.

	richtig	falsch
Katzen sind Säugetiere.		
Der Schwanz des Kaninchens heißt Löffel.		
Die Schildkröte frisst Wildkräuter.		
Der Hamster ist in der Nacht wach.		
Der Wellensittich ist ein kleiner Papagei.		
Fische leben in einem Terrarium.		

6

12 ☺ ☺ 😐 ☹ ______________________________